30秒认识维京人

[英] 菲利普·斯蒂尔 著
[英] 斯蒂夫·墨菲 绘
[瑞典] 朗希尔德·约利兰 顾问
张容 译

中信出版集团 | 北京

图书在版编目（CIP）数据

30 秒认识维京人 /（英）菲利普·斯蒂尔著；张容
译. -- 北京：中信出版社，2019.7
（30 秒看世界）
书名原文：Vikings in 30 Seconds
ISBN 978-7-5217-0732-8

I. ①3… II. ①菲… ②张… III. ①北欧－中世纪史
－少儿读物 IV. ①K530.9

中国版本图书馆 CIP 数据核字（2019）第 116902 号

30秒认识维京人

著　　者：[英] 菲利普·斯蒂尔
译　　者：张容
出版发行：中信出版集团股份有限公司
（北京市朝阳区惠新东街甲 4 号富盛大厦 2 座　邮编　100029）
承 印 者：北京利丰雅高长城印刷有限公司

开　　本：787mm × 1092mm 1/16　　印　　张：5　　字　　数：60 千字
版　　次：2019 年 7 月第 1 版　　印　　次：2019 年 7 月第 1 次印刷
京权图字：01-2018-7505　　广告经营许可证：京朝工商广字第 8087 号
审 图 号：GS（2018）5921 号
书　　号：ISBN 978-7-5217-0732-8
定　　价：460.00 元（全 20 册）

图书策划：见识城邦
策划编辑：肖雪　程时音　　责任编辑：卢建勇　曲沛然　于贺
营销编辑：杨璞　　装帧设计：象上设计
责任印制：刘新蓉

30秒认识维京人

目录

序

60秒介绍

大约1 200年前，北欧沿岸的人们生活在恐惧之中：他们向地平线张望着，生怕看到不知来自何方的船只。传言如野火般四处蔓延：人们说，手持武器的暴徒将乘船而至，袭击城镇和村落，将教堂付之一炬；他们还抢劫珍宝，杀人或是将人掳走为奴。

这些暴徒来自斯堪的纳维亚，一个由今日北欧的丹麦、瑞典和挪威构成的地区。他们被称作"北方人"，也有许多别名；如今，我们通常将他们称作"维京人"。很快，他们便向为数众多的欧洲国家发起攻势。

在世人的记忆中，维京人是残暴的武士，有着各种各样惊悚的名字（比如说"血斧"埃里克啦，"劈颅"索

尔芬啦，“毛臀”雷格那啦）。不过，他们也有许多值得铭记的优点，比如精通贸易、航海和探险，擅长农耕、打铁、制造珠宝和雕刻（包括木雕、石雕和海象牙雕），也精于作诗、讲故事和制定法律。

考古学家发现了维京人留下的大量“宝藏”：他们挖掘出一艘用作坟墓的巨船，船上葬着一位身着华丽红裙的贵族女性；他们还发现了完整的城镇、农业建筑、堡垒和港口遗址。即便是垃圾坑与厕所这样的地方，也能帮助我们还原维京时期的生活面貌。

现在，让我们揭开维京人神秘的面纱吧！本书中每个话题均只有两页阅读内容，可以自行控制阅读速度；如果确实没有时间，也可以只读“3秒钟总结”部分。每个话题均有整页配图，提供色彩斑斓、简单易懂的话题导读。如果时间充裕，还有更多有趣的知识与小任务供你探索。

陆地与人民

中世纪时（约790年至1050年），维京人居住在北欧一带。他们本是一伙强盗，后来发展为欧洲的一股强大势力。此外，维京人也是出色的探险家，不断寻觅着新的栖息地。800年前后，他们发起的海上突袭使得欧洲大陆人心惶惶。那时，欧洲的版图与今日大不相同：法国、德国和意大利的大部分地区由法兰克国王查理曼统治；希腊和欧洲东南部属于拜占庭帝国；英国和爱尔兰则由一些小王国组成，各王国分属威尔士人、苏格兰人、皮特人　、盎格鲁－撒克逊人和爱尔兰人统治。

维京人的家园

30秒大揭秘

维京人最早居住在斯堪的纳维亚，那里地处北欧，山脉、森林、湖泊和沼泽纵横交错，漫长的海岸线被深水湾、海峡和岛屿隔断。一部分维京人依海岸而居，与船只、海港和众多鱼类为邻；其他人则住在南部平原，以农耕为生。

维京人四散而居，殖民地和村落分散各处。后来，他们筑起了城镇和堡垒，以务农与贸易为生。斯堪的纳维亚物产丰富，盛产树木、毛皮和矿石。沼铁矿就是其中一种：这种金属矿石用处很多，常见于湿地，易于采集。此外，斯堪的纳维亚还盛产琥珀——琥珀呈黄色或棕色，由松脂石化而成，可用于制造首饰，因而价格昂贵。

斯堪的纳维亚是个宜居的好地方，不过，维京人仍然渴望拓展疆土：许多人希望通过海外贸易或洗劫远地致富，另一些人则渴望发现更好的农田，以便搭建新居或是赢得权力声望——最重要的是，维京人是天生的探险家，他们不断地扬帆远航，其间他们发现了冰岛和格陵兰岛等地，并在当地殖民。

3秒钟总结

维京人来自斯堪的纳维亚，以捕鱼、农耕和贸易为生。

小知识

时间表

文德尔时期（约550年至8世纪90年代）：这一时期先于维京时期，维京人的习俗和贸易活动起源于此时期。“文德尔”来源于瑞典地名。

维京时期（8世纪90年代至约960年）：维京社会的鼎盛时期。维京人前往大洋彼岸，大肆劫掠，开发殖民地，开启长途探险与贸易活动。

基督教时期（约960年至1100年）：这一时期，基督教在维京人的领土上渐渐传播开来。与此同时，更大更强的王国相继崛起。

维京人居住在斯堪的纳维亚，地处北欧，局部多山

北欧的冬天阴暗寒冷，人们不得不烧柴取暖

鱼类和木材是湖泊和森林的馈赠

维京人大多居住在气候温和的斯堪的纳维亚南部，或是易于航海的海岸地带

斯堪的纳维亚南部为农田，夏日温暖，冬日有雪

维京人的真实身份

30秒大揭秘

维京人用于指代距今900年到1 200年居住在斯堪的纳维亚的人；如今，丹麦、瑞典、挪威和冰岛的居民都是他们的后代。维京人与南边的德国人和英国的盎格鲁－撒克逊人也存在联系。此外，萨米人的祖先虽不是维京人，却也曾居住在斯堪的纳维亚。

那时，维京人被称作“北方人”或“丹麦人”；由于常常乘船突袭陆地，他们也被称作海盗、异教徒和洋人。维京一族背景相似、习性相近，不过，由于居住地的不同，他们的习俗与衣着也有所不同。

不同地区的维京人口音不同，但都使用古斯堪的纳维亚语。数百年间，他们入侵欧洲其他地区，建立起殖民地；在这一过程的影响下，古斯堪的纳维亚语演化为北欧今日所使用的几种语言。

维京人使用如尼文书写。不过，维京时期接近尾声时，西欧其他地区开始用罗马字母取代如尼文。

3秒钟总结

维京人以古斯堪的纳维亚语为口语，书面表达则使用如尼文。

3分钟任务

破译密码！

维京人的字母表叫作弗萨克，其英文“futhark”的发音源自前六个如尼文字母。这一字母表仅包含16个字母。

ᚠ	ᚢ	ᚦ	ᚬ	ᚱ	ᚴ	ᚼ	ᚾ	ᛁ	ᛅ	ᛋ	ᛏ	ᛒ	ᛘ	ᛚ	ᛦ
f	u	th	a	r	k	h	n	i	a	s	t	b	m	l	R

你能将下面的如尼文翻译成现代英语吗？

ᚦᛁᛋ ᚠᛁᛋᚼ ᛁᛋ ᚬ ᛋᚼᚬᚱᚴ
ᚦᚬᛏ ᛁᛋ ᛁᛏᛋ ᚠᛁᚾ

（答案在78页）

“维京”（Viking）这个名字或与挪威海岸名为“维肯”（Viken）的地方有关；很快，“维京”二字就用于指代海盗的生活方式

为夺取土地和财富，维京人常常对外发起攻击。“Vikingr”一词指外出航海或发起突袭，“Vikingar（Vikings）”则用于指代参加突袭的人

维京人将如尼文雕刻在石头上，用以传达重要信息

维京人有着相似的生活方式，都是优秀的工匠和勇士

维京社会

30秒大揭秘

维京社会由不同的群体或阶级构成。国王处于社会的顶层，不过，早期的维京国王并非居于宏伟宫殿的执政者，通常只统治较小的地区。国王的权力以自身财力、征战与执政才能及亲信的拥护为基础。维京时期接近尾声时，国王的权势最盛，统治对象也变为整个国家。

被称作“扎尔”（伯爵）的贵族是维京社会的第二阶级。他们坐拥的大片土地、众多马匹和船只是权力与财富的象征。贵族负责在战时为国王输送勇士。

“卡尔”构成了维京社会的基石，意为自由民。这一群体中，部分人十分富有，享有土地与房产，另一部分则是贫民。卡尔从事的职业有农民、高级工匠、铁匠、造船工和商人。勇士、航海者与殖民者多属于这一阶级。

处于社会底层的是“斯诺”（奴隶）：他们为人所奴役，日日辛苦劳作，几乎无权利可言，他们大多是维京人海上突袭时抓来的俘虏。只有极少数幸运儿能赢得或赎回自由身。

3秒钟总结

维京时期的王国社会主要分为三个阶级：贵族阶级（扎尔）、自由民（卡尔）和奴隶阶级（斯诺）。

小知识

维京时期的女性

男性统治国家，不过，女性同样受人尊敬，且享有一定的权利。为时势所迫，维京时期的女性十分坚强能干。男人在外打仗，女人就在家中照看农田，操持家务；她们掌握着家中开支，经营着店铺，还精于纺线和编织。她们为男人征服新的陆地提供了坚强的后盾。

维京社会等级森严，国王居于顶层，奴隶位于底层

维京人的法律和秩序

30秒大揭秘

维京人幽默感很强，却也容易感到被冒犯。侮辱和罪行经常导致报复和斗殴，或是家庭间及个人间的争斗。由此产生的宿仇多年不息。

类似的问题需要通过公众集会解决：集会上，人们可处理财产、嫁娶和离婚引发的争端，还可就谋杀、伤人或抢劫案件问讯证人。集会可做出审判，制定新的法律，甚至拥立新的国王。

每个地区都有相应的集会，每年在固定时间召开，只有自由民能参加。女性和奴隶并无参会权，但一部分女性的利益会在集会中得以体现。在维京人的不同领土上，集会的形式也有所不同：在冰岛，参会者相聚在“集会平原”的“法律石”旁；由首领组成的委员会在此处指定一名法律专家或“法律宣讲官”。

集会不存在类似警察的执法力量，因此不能执行人们做出的判决。受害者和公众负责监督法律的执行。

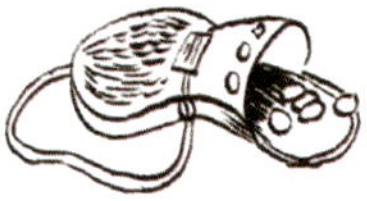

小知识

古代的“议会制度”

维京人的集会是议会制度的早期形式，某种程度上，这一制度的部分内容被沿用至今——英国有一座岛名为“马恩岛”，历史上曾是维京人的殖民地，该岛的议会制度已有逾千年历史；冰岛的“阿尔辛”（Althing，即议会）开始于930年，自此，阿尔辛源源不断地通过各项法律，只在19世纪被短暂废除，后又恢复。

3秒钟总结

维京人举行公众集会以通过法律，审判罪犯。

争端和问题在公众集会上得以解决

集会召开时，该地区的男性自由民会从四面八方赶来参会

窃贼需归还受害者钱财，以作赔偿

法律宣讲官在参会众人面前宣读维京法律

罪犯可能被流放海外，或被宣判为亡命徒，剥夺其一切权利

某些争端可通过决斗（使用武器的双人对战）解决

航海者

维京人大多沿海岸、岛屿或河流而居，因此，乘船是最普遍的出行方式。斯堪的纳维亚拥有逾千年的造船史和全欧洲最出色的航海者；仰仗大海，人们觅得了财富和名望，向未知的土地发起突袭，建立起殖民地。维京时期的诗人热爱大海，为它取了一个个生趣盎然的名字，比如“鲸屋”“舟之滑径”“海霸王之坡”。

维京人的造船术

30秒大揭秘

对于维京人来说，造船可是个“大工程”，需要先将林中树木伐倒，再将树枝除去，最后将处理好的树干拖至河畔或海岸。橡树乃各类木材中最佳的造船木，白蜡木、山毛榉和松树也不错。

手艺娴熟的木工用斧子和刮刀切割木材并打磨成型。其中，一些木材被制成船体，用铁钉和铆钉接合在一起。人们将羊毛或其他动物毛发浸泡于柏油中，随后填充至名为“列板”的船板间，以起到防水效果。

维京时期的船用船桨或船帆驱动。划桨者坐在木箱或长凳上。最大的船上通常配有长桨，在右舷向船尾的方向还绑有宽舵桨或方向舵。

船上大大的矩形帆多由羊毛布料制成：布料要先在动物油脂中浸湿，有时还要在其中缝入皮革条，方能经受住风吹雨打、海浪摧残。船帆可以染色，也可做成条纹式样。人们亦将海豹皮、马毛或植物纤维做成绳子，以牢系桅杆和船帆。

3秒钟总结

维京人拥有一流的造船能力，既能造划桨船又能造帆船。

小知识

船的形状

维京时期有一种名为“法灵”的小型划桨船，可在白天用来捕鱼。科诺尔船体积较大，头尾装有甲板，又宽又深，可装载大量货物、马匹或牛群，用于贸易往来或殖民新大陆。所有船只中，最“袖珍”的当属维京长船，船身纤细，呈流线型，是长距离突袭活动的不二之选。

人们用斧子在树干上刻出楔形口

刻下的木楔用作船的列板（船板）

名为“龙骨”的长木梁是整条船的“脊柱”，支撑起整个船体

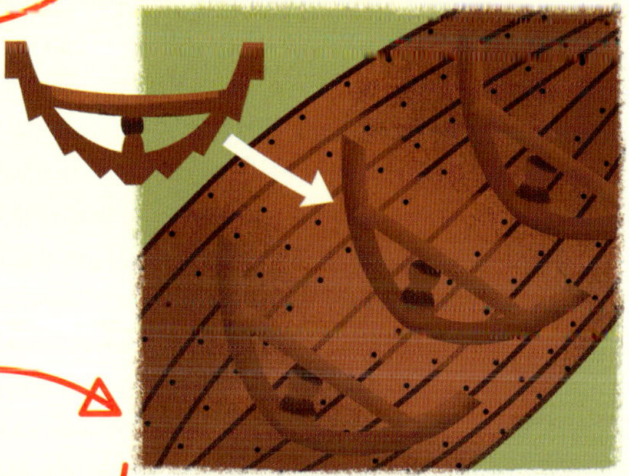

肋拱和横梁起到强化船体内部结构的作用

龙骨的前部为呈弯曲状的船头，与船体两侧相接

维京人的造船技艺十分高超，用鱼鳞式外壳将船体的每块列板相重叠

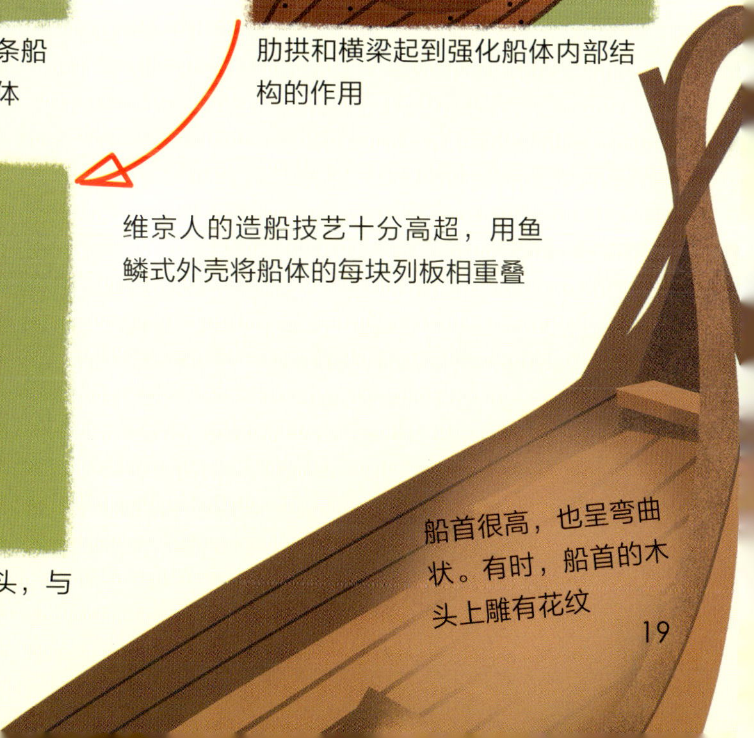

船首很高，也呈弯曲状。有时，船首的木头上雕有花纹

维京长船

30秒大揭秘

维京人的“长船”究竟有多长？长船通常长约17米，每侧有16支或18支桨，每支桨配一名船员。后来，体积更大的战船出现了，需要约80人通力协作。在丹麦的罗斯基勒，人们发现了一根长达32米的战船龙骨，可追溯至1025年左右。

维京长船是为远洋航行设计的，选用的木材十分结实，却可以根据海浪运动轻微变形，且船体狭窄，呈流线型。长船的时速通常介于9到19千米之间，最高时速超过28千米。

长船质量较小，也可在浅水或河面航行，便于劫掠者上岸或将船只拖上海滩。

长船是突袭活动的不二之选，无奈空间有限，只能装载一定量的货物。它们质量较小，因而无法承受与其他船只相撞产生的冲击。海上交战时，需将几艘长船捆绑在一起，形成一个作战平台。有时，人们会在船侧刻槽嵌上盾牌，以起到装饰或自卫作用。

3秒钟总结

维京长船呈窄长状，质量较小，既可在浅水中航行，也可出海。

3分钟任务

设计一艘长船的船首

维京人擅长木雕，乐于用这门手艺装饰他们最好的船。有时，他们将长船的船首雕成野兽、龙或蛇的模样，企图用“血盆大口”吓退敌人、驱逐恶灵，或者仅仅想令观者叹服。试着自己设计一个“野兽船首”吧：在薄纸板上画出轮廓、裁剪下来即可。要注意细节的处理哟！

长船可由帆或桨提供动力。对船员来说，风暴、巨浪与敌人袭击都是家常便饭

需要时，可将桅杆从底座上移除

舵手像操纵舵那样操纵宽宽的舵桨，掌控着船只前行的方向

船首雕成龙头状，用以吓退敌人、驱散恶灵

船桨的长度应为5～8米

甲板易于拆卸，若船内进水，可将甲板举起，将水舀出

维京人的航海之旅

30秒大揭秘

维京长船为敞开式结构，并无船舱，也就是说，在奋力摇桨的间隙，船员不得不忍受咸湿的海浪、冰冷的海风与炽热的阳光。所幸，他们头顶支着一块大大的篷布；上岸后，这块篷布还可与帐篷一起用于搭建营地。

船员将私人武器、斗篷和食物贮存在箱子里，以免受潮。航行过程中，他们多食用风干或腌渍的鱼和肉，还有苹果、坚果与奶酪等易于储存的食物。船员也会在海上捕鱼，或是上岸打猎，补充淡水。

维京时期的航海者没有地图。他们多沿海岸线航行，寻觅向海中突出的陆地或其他常见地貌。四周没有陆地时，他们便根据海水流向、鸟的飞行方向或太阳、星辰的位置来推算方向。在夏季发起突袭可最大程度避免夜晚航船与冬季寒风的不利影响。

长船固然牢固，但也可能被大风与巨浪摧毁，因此，海难并不少见。

3秒钟总结

长船是敞开式结构，为划桨带来了极大的不便。维京人凭借太阳和星辰为船“导航”。

3分钟任务

制作风向标

你需要：硬纸板、剪刀、金色的颜料、画刷、黑色毡尖笔，木棒一根和胶带若干

第一步：在纸板上画一个直角，水平边长10厘米，竖直边长6厘米；第二步：从一条边的端点引一条弧线至另一边端点（参见左图），这样，一个弧形就在纸板上“出现”啦！用剪刀将弧形剪下，涂成金色；第三步：弧形表面的颜料风干后，用毡尖笔在上面画出蛇、狮子、龙或鸟的图案。

将较短的那条直边粘到木棍上，轻轻插入地面，接着，静静等风来吧！

维京人的一次航海可持续一两周，因此，需储存足量的食物和淡水

桅杆顶端装有风向标，用以判断风向。风向标也可用作徽章，带有风向标的船就是船队之首

观察鸟的飞行轨迹可帮助船员定位陆地、海流和鱼类较多的区域

船员们寻觅着易于辨认的地貌，观测太阳方位

维京人靠风干或腌渍的食物过活，有时也食用新鲜鱼类（如果捕得到的话）

维京人的港口和贸易

30秒大揭秘

维京时期，商人们沿北欧海岸航行，出售并购买商品。他们驾驶的科诺尔船又宽又深，可装载大量货物。那时，像海泽比（今属德国）这样的港口配有码头，商船可在此停泊。商人也会通过河流航行，所以他们会尽可能选择较轻的船只，既方便在陆地上搬运，又方便躲避水流拐弯和湍急处。

这种以贸易为目的的航行是由卡尔阶级发起的：他们中的大部分既能耕作、划桨、扬帆、战斗，又擅长讨价还价以争取最大利益。维京商人的足迹遍布了大半个地球：从格陵兰岛以海象牙闻名的冰冷海岸，到亚洲西南部的集市，他们的身影无处不在。维京商人贸易的对象包括斯拉夫人、日耳曼人、波罗的海人、法兰克人、盎格鲁－撒克逊人、希腊人和阿拉伯人，可谓形形色色。

贸易有两种往来形式：一是以物易物，二是以银条支付。很快，外国铸币也加入了流通市场——有时，人们会将铸币切成小片，用其中银的重量来计算价值。10世纪，维京各国国王的势力日盛，也开始命人铸造专属本国的货币。

3秒钟总结

船只令维京人得以跨越千山万水，与形形色色的人进行贸易。

3分钟任务

“铸造”货币

你需要：银色卡片、剪刀和尖头黑色记号笔

想象一下：假如你是维京时期的一位国王，决定设计并铸造货币以彰显权势。货币的图案可以是一艘船、一把斧头或一柄剑。从银色卡片上剪下硬币大小的圆片，用记号笔在上面画出图案。

维京人的贸易场所包括本国领土和远地。通过以物易物或以银条、铸币支付的方式，他们采购了大量琥珀、酒类和锡

突袭与劫掠

30秒大揭秘

维京长船可谓风驰电掣，借此优势，维京人沿海岸与河流大肆进攻村庄和城镇。当今世界，人们可凭借科技手段预知外敌入侵，维京时期的人们却没有那么幸运。长船一旦靠岸，手持武器的勇士便蜂拥而至，田中劳作的村民甚至来不及回家躲避。

维京人的突袭行动迅速且野蛮，事成后便火速登船逃之夭夭。他们杀死或奴役当地的居民，将建筑物付之一炬夷为平地，还劫走牛羊，在谷仓中大肆搜罗粮食。对维京人来说，最佳战利品当属便于携带的物品，比如金银、武器、工具、衣服、皮毛和珠宝。

维京人常将基督教的修道院当作目标，这类地点防御薄弱，修士们又较为富裕，有着成箱的钱币与昂贵的十字架、盘子和铃铛。有时，维京人也会将其他船只当作劫掠对象。像大多数海盗那样，他们也尽可能避免对船只造成损害，而是“偷”来为己所用。“衣锦荣归”之时，维京人会大方地与人分享战利品，大肆吹嘘自己的“英勇事迹”。

3秒钟总结

维京人从海上对城镇、村庄和修道院发起劫掠，奴役当地居民。

小知识

维京时期著名突袭事件的发生地

789年，威塞克斯的波特兰岛（英格兰南部）；793年，诺森比亚，林迪斯芳的一家修道院（英格兰东北部）；794年，苏格兰海岸边爱奥那的一家修道院，该修道院后于795年、802年和806年屡次遭受袭击；795年，拉斯林岛（位于爱尔兰的安特里姆郡附近）；798年和807年，爱尔兰的布雷加王国和康诺特王国相继遭到维京人突袭；834—837年，荷兰小镇多瑞斯塔德沦陷四次；834年，法兰克人的海岸防御工事遭入侵；852年，维京人开始进攻威尔士；903年和918年，安格尔西岛遭入侵。

9世纪，残暴的突袭在欧洲已是家常便饭。维京人拥有最好的船只和最出色的航海技术，因而成为最强大的劫掠者

殖民海外的维京人

30秒大揭秘

维京人多在夏季发起突袭活动，因为夏季最适宜航行。不过，劫掠者的胆量越来越大，甚至开始在大洋彼岸过冬：他们在岸上安营扎寨，以防外敌入侵。在爱尔兰语中，这种营地被称作“朗弗特”。

朗弗特既可用作突袭行动的临时中心，也可用作贸易据点。其中一些发展为永久殖民地和城镇，甚至成为像爱尔兰的都柏林和利默里克那样的小王国。

维京人举家乘船迁徙，将武器和建房工具、耕种工具带到新的殖民地。他们从不列颠群岛附近掳走女性，并将她们带到冰岛，“送”给新殖民者做妻子。有时，维京人也与殖民地的原住民通婚。

维京人为何要到大洋彼岸殖民？大部分人希望获得更优的农田，有些则是因为无法继承本属于自己的财产，还有极少数是因犯下罪行而被强制流放。

小知识

巧解斯堪的纳维亚语

维京人走南闯北，走遍了大半个地球。与此同时，他们也将古斯堪的纳维亚语的痕迹留在了诸多岛屿、海湾、城镇和建筑的名字之中，比如下面这些例子。你能在地图上找出更多含古斯堪的纳维亚语的地名吗？

-ey/-ay代表岛屿，比如威尔士的巴德西岛（Bardsey），美国的奥尔尼岛（Olney）。-thwaite代表草地，比如法国的勒图伊（Le Thuit）草原。-ness代表向水中突出的陆地，比如澳大利亚的因弗内斯（Inverness）。-by代表殖民地或农场，比如英国的惠特比（Whitby）和加拿大的格里姆斯比（Grimsby）。-vik代表海湾，比如法罗群岛的霍依维柯（Hoyvik）和冰岛的雷克雅未克（Reykjavik）。-kirk代表教堂，比如英国的奥姆斯柯克（Ormskirk）和苏格兰的福尔柯克（Falkirk）。

3秒钟总结

维京人开始寻觅新的土地，在其上移民定居，并开垦农田。

在占领更多的永久殖民地之前，维京殖民者搭建起营地，用于短暂居住

船只载着维京家庭和生活物资向大海行进，探索新的可能

殖民者刀剑盾牌不离身，以防遇袭

维京人就地取材，用殖民地的石头、木料和草皮搭建新家园

有时，维京人会在帐篷支柱上雕出花纹

为新家选址时，维京人倾向于选择离海洋、河流和洁净水源较近的地点

劫掠者与勇士

在枪炮尚未出现的年代，维京勇士们作战时以近身肉搏为主，战争十分残酷。事实上，他们并不比同时期的法兰克人或盎格鲁－撒克逊人更凶残，可在基督教修士的描述中，他们却极为残暴。后来，斯堪的纳维亚文人为他们写下了激动人心的篇章，也就是传奇故事。这些故事将维京勇士刻画为具有冒险精神的大英雄。因此，维京人至今仍是历史上最著名的勇士。

勇士

30秒大揭秘

维京勇士多是自由民，被从田间征募参战，有时会与其他队伍合并以壮大势力；不过，他们中只有极少数是全职雇佣兵。维京勇士靠步行、航海或骑马作战，不过，大部分战役靠的还是双脚。

一场战斗开始时，维京弓箭手运力开弓，箭箭直指敌军。他们将矛或掷向敌人，或在包围敌军时用来戳刺。弯刃战斧可用来打、劈或钩穿敌人的身躯，也可击破对方头盔或击穿盾牌。维京时期，人们使用配有凹槽的双刃剑，铁铸剑身，钢铸剑刃，斩血肉之躯，所向披靡。

许多作品曾提到，有的勇士在战斗过程中可激发自身狂暴状态，现在，让我们重新认识一下这个群体：他们被称作“狂战士”，也就是身披熊皮衫的人；作战过程中，他们会激发自身情绪，进入暴怒状态。不过，一些历史学家认为“狂战士”一词指的是顶级武士或第一武士。国王的贴身保镖被称作亲卫队。

3秒钟总结

维京男子大多兼做士兵，以弓箭、矛、斧与剑参与战斗。

3分钟任务

命名一把剑

维京时期，武器是珍贵的财产，由父辈传给子辈。国王或贵族的宝剑配有华丽的剑柄，铁斧的刃片有时还会镶嵌白银。维京人乐于为最锋利的武器取“昵称”，比如“噬足”、“战焰”和“恶徒”。你能为维京宝剑取几个响当当的名字吗？

战斗会耗费大量体力：战士们不断跃起、踢击、前扑、挥拳，还要不断寻找防御薄弱的地方，以便发起攻击

剑身约70～80厘米长，钢质剑刃。后来，维京人锻造出了更长的剑

一柄小斧约800克重

弓长约1.8米，射程达250米，箭头由铁锻造

矛的杆柄（把手）由白蜡木制成，矛头由铁锻造，全矛约2～3米长

战斧有弯刃，木手柄可长可短

维京人的盔甲

30秒大揭秘

中世纪早期，北欧勇士在战斗中几乎不穿重甲来保护自己。多数人还是着上衣和裤子，一派日常穿戴，以方便奔跑与跳跃。

富有的维京勇士拥有伯尼（一种铁链衣），由相互连接的小铁环组成，每个铁环四周各连一铁环。

铁质头盔多为圆形或锥形，内部有皮革或山羊皮衬垫——现代的复原图常给这些头盔加上角，其实是画蛇添足。有的头盔前部有一铁片，用以保护鼻子。顶级头盔还配有保护眼睛和脸颊的面罩，脖颈后也有突出的边缘，起到防护作用。

盾牌主要起防御作用，但也可用作武器投掷到敌人身上。盾牌由木板制成，镶着边，有时还会用皮革包裹。中心的饰钉起到强化结构的作用，还能保护盾牌内侧的把手。盾牌不用时扛在肩上。

3秒钟总结

维京盔甲包含一个简易的铁质头盔，更高级的盔甲还配有铁链衣。

3分钟任务

制作盾牌

你需要：硬纸板、胶带、颜料和画刷

维京盾牌大多颜色鲜艳，图案大胆。不妨试着做一面与你体形相称的盾牌吧：在硬纸板上裁剪出一个大圆，再用纸板做个把手粘到圆的背面；用灰色颜料在圆的正面画出中心饰钉，再在饰钉周围画出彩色图案——可以是螺旋、四分图案、条纹或十字。

战斗过程中，维京勇士们采取密集队形并肩而站，将盾牌相互交叠，从而起到保卫阵地的作用——这就是所谓的“盾墙”。有了这道防线，敌人很难突破防御

维京人的军队

30秒大揭秘

到了9世纪40年代，小规模的维京劫掠者纷纷联手以壮大势力，规模有时可达千人。军队由国王领导，为了对抗“共同的敌人”，一国军队有时也会与另一国联手。

维京军队可在内陆行军，与敌人发起对阵战。9世纪40年代，他们入侵了法国；在其后的866—878年，他们又袭击了英格兰的盎格鲁－撒克逊众王国。维京军队大肆入侵他国，侵占领土并殖民，一时间将大片土地收入囊中。

入侵英法后，他们发现了这样一件事：如果反复入侵同一地区，敌人便会赔款求和，后来，这一求和款项在英国被称作“丹麦金”。然而，维京人的胃口越来越大，每隔几年便要求增加赔款金额，如此，被入侵的国家难得安宁。

随着时间的推移，维京军队威胁下的国家逐渐掌握了反抗的最佳途径。威塞克斯的阿尔弗雷德大帝（871—899年在位）大举修缮防御工事，训练士兵，并建造战舰。

3秒钟总结

很快，维京人形成了大规模的军队，向城市发起进攻，征服新的土地，并向敌国索要求和赎金。

3分钟任务

渡鸦旗飞扬

你需要：少量布料、剪刀、颜料和竹竿

有时，维京军队会升起一小面带有渡鸦图案的战旗，象征战争与死亡之神奥丁。不妨动手做一面这样的旗帜吧：裁剪出一块三角形布料，其中一条边要有弧度，并在这条边上剪出小缺口以制造流苏效果；用颜料在布料上画出渡鸦图案。最后，将做好的战旗挂到竹竿上。

维京军队拥有充足的人员和武器，入侵并包围了伦敦、巴黎、根特和汉堡等城市

维京时期的护墙和堡垒

30秒大揭秘

维京时期，人们常在城镇边缘筑起城墙、壕沟和围栏，以抵御外敌入侵。在维京人出现的300年前，丹麦人开始修筑“丹尼维尔克长城”以防御法兰克人和撒克逊人。在维京国王的推动下（如古德弗雷德国王808年的修缮工程），这一宏伟大业得以进一步完善。

丹尼维尔克长城长30千米，横跨丹麦全境，西起湿地，东至波罗的海海岸的海泽比港，有的部分甚至可达6米高。在1 000多年后的1864年，这一防御工事在战争中还得以沿用，至今仍屹立不倒。

在哈拉尔蓝牙王统治期间（约958—986年），维京人在丹麦和瑞典南部修起环形堡垒。木质建筑与街道四周环绕着壕沟和环形土丘，正面则有重木、沙土和石头加固。每个堡垒都设有东西南北四道门，最出名的堡垒当属特雷勒堡和弗卡。

在位于今爱尔兰都柏林的殖民地，维京人用泥土和沙砾筑起一道堤，又在堤的顶部筑起木栅栏。后来，他们用石墙取代了这一防御工事。

3秒钟总结

在边境、城镇和堡垒四周，维京人用泥土、石头和木材建起了围墙。

小知识

小岛构成的堡垒

在古老的维京传奇故事中，有一座名为乔姆斯伯格的美丽小岛，自成一座堡垒。岛上的石塔由石弩保护，海港则由大型铁门防卫。岛上的维京人生性狂暴，将自己作为战士“出租”。这是事实还是故事？没有人能说清，不过，一部分人相信这座堡垒就位于波罗的海南部的沃林岛上。

维京人筑起环形堡垒，既能守卫城镇，又可驻扎国王的军队

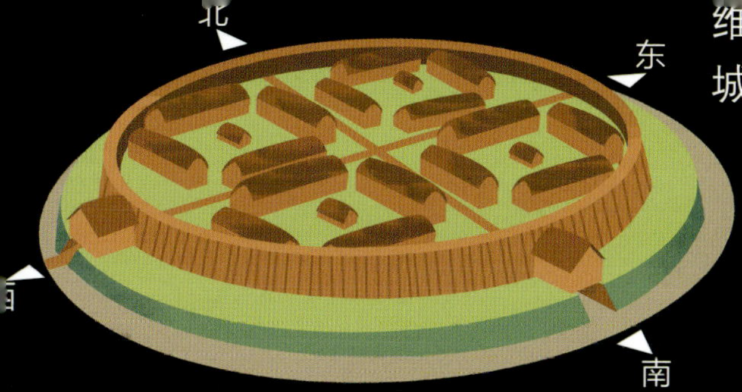

正面的木质护墙和壕沟保护着堡垒内的人民

东西南北四向的城墙都有门楼

堡垒也可在战时用作集合点或避难所，和平时期则用于征税

信差一路策马奔驰，传递着来自堡垒的重要信息

维京人的日常

在战争与海浪的威胁退去后，多数维京人的生活可用“平淡”二字形容。田间有四季，家事需日理，市场有交易，小儿尚待哺。维京人热爱生活，尽管他们常常面临各种困难和挑战：几乎所有的事情都需人工完成，且相当一部分工作涉及复杂的嫁接技术与高强度体力劳动；若是生病或遭受意外，也没有救命的药品或医院，只有草药或转运咒语。

维京人的穿戴

30秒大揭秘

维京时期的服装颜色艳丽，衣饰潮流也会随时间而改变。通常，成年女性和少女身着亚麻布直筒长裙，外罩一件短裙或无袖羊毛连衣裙。此外，她们还佩戴肩带和胸针来支撑、固定服饰。

两枚胸针之间挂有一个圆环，环上可穿玻璃珠或琥珀珠；钥匙、剪刀和其他有用的物件则挂在腰带上。寒夜降临时，人们披上披肩、斗篷或动物皮毛。年轻女孩留长发，有时会编成辫子，将鹿角梳子点缀其中。已婚女性则编一个发髻，蒙一块头巾。

成年男性和少年身着亚麻上衣，披羊毛外套，衣服边缘处常缀有精美的穗带。裤子分宽松和紧身两种，小腿处时有绑腿。常见的服饰还有连帽斗篷、羊毛帽和皮帽等。维京男性留长发，唇上下蓄着胡须，修剪得十分整齐。

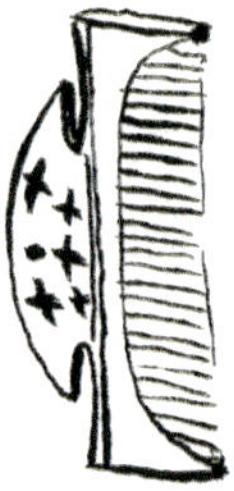

3秒钟总结

维京人的服装多为羊毛或亚麻材质，由家中女性缝制而成。

3分钟任务

制作一枚胸针

维京时期，上层阶级的女性佩戴精美的胸针以彰显财富。肩带上通常装饰着两枚椭圆形青铜胸针，小一些的胸针则用于固定斗篷和披肩。在硬纸板上裁剪出胸针的形状，通过网络搜索维京时期的动物图案并绘制到纸板上，再将安全别针粘到纸板背面，一枚胸针就做好啦！

维京时期，家中女性负责纺线、编织和缝纫。家家户户都有竖直放置的大型织布机，用于制造纺织品

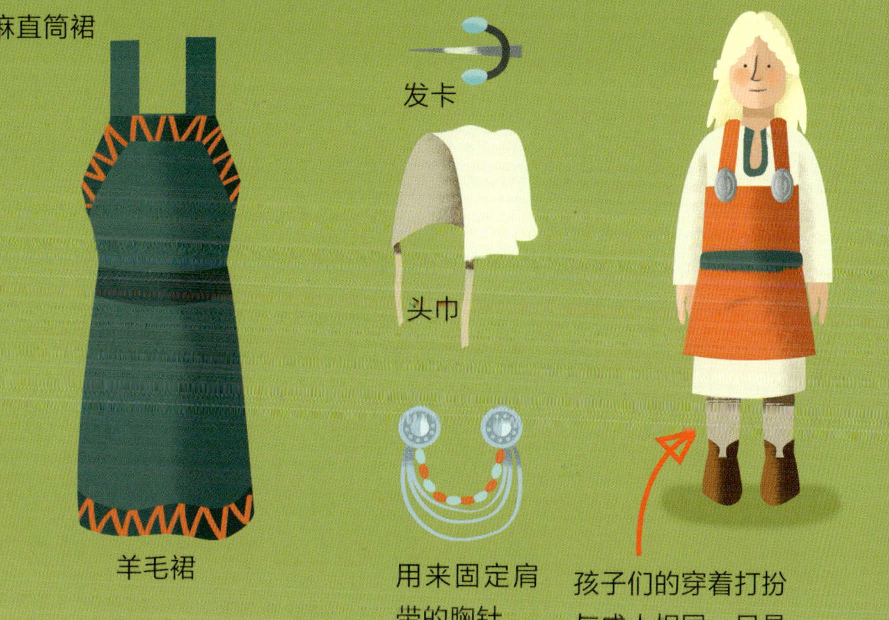

维京人的农耕生活

30秒大揭秘

维京时期，公共道路体系很不发达，几乎没有像样的道路，人们只能走在乡间坑坑洼洼的小路上。有的人骑强壮的小型马出行，或是用马运输大量货物。交通工具有四轮木质马车，冬天还可乘雪橇、滑雪板出行。

多数维京人靠务农为生。气候温暖的地区，土壤较肥沃，大片农场相连，有时会形成村落。寒冷地区的土壤较贫瘠，农场也较少。

农耕殖民地居住的多是拥有田产的家庭、自由劳动者和奴隶。这里，主要的建筑形式为维京长屋（见本书46—47页），屋外环绕着洗漱间、谷仓、牛棚、奶场和铁匠铺。

维京时期的主要作物为黑麦、大麦和燕麦，可用圆石碾为面粉。在温暖的地区，人们还可种植小麦。干草也是作物的一种，是牲畜的饲料。夏季，人们在山坡的鲜嫩草地上放牛；秋季，人们将牛安置在牛棚中。维京人用风干、腌渍和烟熏的方式保存肉类。

3秒钟总结

农民饲养牛、羊和猪，种植黑麦、大麦和燕麦等作物。

3分钟任务

这些是做什么用的？

请指出下列维京时期农具的用途：

1. 镰刀
2. 大剪刀
3. 手推磨

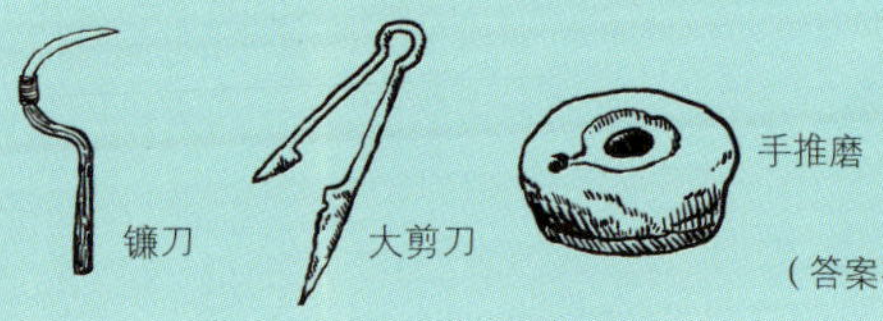

（答案在78页）

多数维京人一年到头都在
看护牲口，种植庄稼

春天，农民播下黑麦、
大麦和燕麦的种子

夏天，农民剪下
羊毛做衣服

秋天，农民收
获庄稼

寒冷的冬天，农民将牛
安顿在牛棚内或长屋的
一头儿，用干草喂养

长屋的内部结构

30秒大揭秘

长屋位于农场中心，长30～60米，宽5~7米，通常为木质结构，墙壁由交叉的木条组成，外糊泥土和粪便（也就是抹灰篱笆墙），屋顶覆盖着茅草或木头。在木料稀缺的地区，如冰岛，人们用石料来建造长屋，用草皮搭屋顶。随着时间的流逝，长屋两侧还可加盖新房间。

走进长屋，一排排木柱支撑起屋顶的木梁，将大厅分为三个过道。地板由泥土和灰压制而成。灶台是家庭生活的中心，装有一个火坑，可供取暖、照明和烹饪用。屋顶上的洞可排放烟气。

侧边过道配有木椅或窗台，也当作床。床垫填充着稻草或羽毛。冬日，屋外寒风呼啸，人们在毯子和皮毛被中安然入睡，丝毫不会感到寒冷。除此之外，长屋几乎再无家具，但墙壁上可挂装饰用的盾牌，有钱的地主还会悬挂雕刻品或织锦。

3秒钟总结

长屋是家庭生活的中心，进餐、睡觉和劳作（如编织）都在长屋内进行。

小知识

维京人的灯

长屋没有窗户，屋内无光线，只有火堆透出的一丝丝光亮，因此，灯是维京人的生活必需品。简易的灯由石头容器构成，人们向其中注入从植物、鱼类、海豹或鲸体内提取的油。灯芯由一种名为羊胡子草的莎草制成，燃烧均匀。我们今天使用的油灯也基于相同的设计理念。

长屋需要为家人、亲属、客人及农场工人提供足够的空间。冬天，长屋一端可用于安置牲口

熨衣板由鲸骨制成，“熨斗”则是一个玻璃球

维京人的饮食

30秒大揭秘

维京人在早上和傍晚进食，食用黑麦、大麦或燕麦做成的粥，或是铁质或石质鏊子烘焙出的粗粮面包。他们也食用山羊、绵羊及奶牛的奶制成的奶酪。

维京人种植韭葱、洋葱、青萝卜、卷心菜和豌豆等蔬菜。鲱鱼是日常饮食的一大组成部分，有生食、烟熏和腌渍三种食用方法。蜂蜜是常用的调味剂。牛肉、猪肉、山羊肉、绵羊肉和鸡肉是常见的肉类，烹调方法为水煮或炖，偶尔也烤。维京人曾食用马肉，不过，由于这一行径与异教节日有关，在笃信基督教后，马肉便从他们的餐桌上消失了。

维京人也在林中、田间打猎，捕捉野兔、梅花鹿、麋鹿、野猪和野禽，采集荨麻、浆果和坚果等可食用的植物。他们还在峭壁搜集海鸟的蛋食用。

维京人以木碗和木盘为餐具，使用刀子、匕首、木勺或动物的角，但不用叉子。维京时期的盘子由名为皂石的材料制成。陶瓷杯、罐和酒类是从德意志进口的。

3秒钟总结

维京人的日常饮食包括粗粮面包和炖制的菜、鱼、肉。

3分钟任务

制作维京风味零食

尽管没有维京人的食谱，我们依然知道他们平时吃些什么。现在任务来啦：一位维京朋友正饥肠辘辘，急需你准备一些健康的食品。取一只碗，放入燕麦、苹果片、蓝莓、榛子、牛奶和蜂蜜，搅拌一下，再取一块全麦面包和适量奶酪。别忘了准备一只汤勺。这样，维京朋友就可以大快朵颐啦！

首领和贵族阶级乐于宴请宾客，把酒言欢。
一场节庆或家族聚会可持续数日

维京人也饮用烈酒，如大麦啤酒和蜂蜜酒。酒类进口自德意志

维京时期的城镇生活

30秒大揭秘

大半个欧洲的大型城市都是罗马人的“杰作”，不过，在斯堪的纳维亚这样的罗马帝国外的区域，城市并非常见的群居形式——更为常见的是规模小却贸易繁荣的城镇，比如德意志的海泽比。海泽比自8—9世纪开始发展，拥有1 000～2 000的人口。

维京人的城镇通常傍海依河而建，既是港口，也是制造与贸易中心。城镇边缘筑有防御工事，内部街道由重木铺就。市场内架设着货摊，从鲜鱼到锤子、钉子，一应俱全。港口的码头停泊着船只。

城镇内的房屋由茅草覆顶，木梁搭建，墙壁则是抹灰篱笆墙质地，内部构造与长屋相似。一些房屋建有地下室，做仓库或工坊之用。生活垃圾倒入垃圾场，污水则流入污水池——那时，排水系统尚未出现。

3秒钟总结

维京时期的城镇规模较小，却是工艺与贸易中心，一派欣欣向荣景象。许多城镇也是港口。

小知识

维京城镇发展时间线

8世纪初：日德兰半岛的贸易中心里德渐渐繁荣。该城镇留存至今，是丹麦最古老的城镇。

8世纪50年代：瑞典的比尔卡成为与俄罗斯之间贸易通路的最西端。如今，它是瑞典最古老的城镇。

8世纪80年代：开帕成为挪威的工艺与贸易中心。这个词的含义为“市场”。奥胡斯几乎在同一时间建成。

804年：海泽比建成于丹麦和德意志边境。

870年：维京殖民者发现了雷克雅未克，即今冰岛首都。

起初，城镇多是繁荣的港口，后在9世纪发展壮大。
留存至今的几个城镇，成了现代化城市
土地被篱笆分成数块，牛棚、花园和家畜分布其中
码头
木材铺就的街道
货摊和商贩
房屋没有窗户，但房顶上有排烟洞
房屋前门正对大街
典型的城镇房屋尺寸约为12米×5米，富商的房子要更大些

维京人的童年生活

30秒大揭秘

中世纪早期，只有“幸运儿”才能顺利长大成人：许多母亲死于分娩，婴儿也常因罹患不治之症而夭折。在约维克（今英国约克郡）的维京殖民地，大约每三个儿童中就有一个早夭。

婴儿出生9日后，父亲会将孩子放在膝头在他/她额上洒水；他/她会被赋予一个名字，成为家庭中的一员。宾客也会携礼上门庆祝。

家人对孩子寄予厚望，希望他们为家庭出一份力，参与农耕，在工坊中帮工，纺线，补衣，照看弟妹，饲养家畜，钓鱼或伐木。那时，学校和正规的课程尚不存在。孩子可能会被过继给另一个家庭，成为巩固社会关系或习得新技能的筹码。

12岁时，男孩从事的工作已与成年人无异；15岁时，他们已能参与劫掠。女孩刚进入青春期便可婚配。维京时期的婚姻形式多为包办，以巩固家庭间的贸易往来和联系。

3秒钟总结

维京时期的儿童没有学校可上。他们热衷于游戏，而大人期盼他们将来能努力工作。

3分钟任务

制作毛毡弹力球

你需要：几撮羊毛、一只碗、温水和适量洗涤剂

1. 将4汤匙洗涤剂和6杯温水倒入碗中，搅拌均匀。

2. 将羊毛纤维团成一只小球，再用羊毛层层包裹，直到它有你心中所想尺寸的两倍大，再将球浸入水中。随后，在掌间搓揉毛球10分钟，控制力度，不要挤压。

3. 毛毡球收缩后，用冷水洗净并风干，再用彩线环绕几圈，一只毛毡球就制成啦。快看看它弹得高不高！

维京时期的儿童需要迅速成长，并掌握游泳、干农活儿和击剑等技能，以便成年后建立新的群落

蹒跚学步的孩子拥有布娃娃、玩具动物和毛毡球等玩具

儿童以木剑“比武”，为以后的正式论剑做准备

大一些的儿童需参与家务和农活儿

女孩一旦进入青春期便可成婚

男孩一到15岁便可参与劫掠

维京人的娱乐活动

30秒大揭秘

维京时期，男人们喜爱摔跤、拔河、举重、溜冰和游泳，也热衷于击球游戏。他们常在运动中使出浑身力气，乃至以暴力终结游戏。

棋类游戏也广受欢迎。那时，一家人常聚在一起掷色子，也玩象棋、跳棋或与双陆棋类似的游戏。有一种游戏名为“板棋”，参与者需保护自己一方的国王，“护送”国王逃入棋盘角落的城堡。

关于维京人的歌舞少有记载，不过，可以肯定的是他们能演奏兽骨或兽角制成的管乐器和长笛，也能弹奏以竖琴为代表的弦乐器。965年，西班牙人易卜拉辛·塔图什游历至海泽比，他说，维京人的歌曲听上去像是狗或其他野兽的嚎叫声。

维京人热爱文字，尤其喜欢字谜、韵文和诗歌。吟唱诗人常常参加贵族或国王举办的宴会，并即席为音乐作词。在漫长的冬夜，维京人围坐在火堆旁，将神灵、巨人、无赖、矮人、英雄和国王的故事娓娓道来。到了中世纪，人们开始书写篇幅更长的故事，也就是“传奇”。

3秒钟总结

维京人喜欢户外极限运动、棋盘游戏、音乐和传奇故事。

3分钟任务

编字谜

维京诗人善用比喻，在描述事物时不直接点明描述对象，听众需“猜出”诗人的“意有所指”——太阳可能被称作“空中的蜡烛”，风也许会被称作“摧树者”。你能创造出类似的比喻，对现代社会中存在的事物进行描述吗？比如说，摩托车可以是“快车道上的怒吼者”。那么，该如何比喻智能手机呢？

维京人热衷于音乐、歌唱、摔跤和棋类游戏

摔跤广受欢迎，但这一运动形式十分暴力

中世纪早期的斯堪的纳维亚音乐并无成文记录，至今仍真相成谜

人们在苏格兰的路易斯岛发现了这些维京时期的棋子，由海象牙雕刻而成，可追溯至12世纪

人们围坐在火堆旁，讲述着关于魔法和英雄的冒险故事

维京人的艺术和工艺

30秒大揭秘

工厂出现之前，日常生活的各类器具都由工匠独立制成。维京城镇中不乏木匠、皮匠、鞋匠和玻璃工的身影。工人用车床造出木碗和木棍，陶匠在工坊内造出水罐、盆、纺坠和油灯。

铁匠与金属打交道，也许是各类工匠中最重要的人。工坊里，铁匠鼓动风箱烧红熔炉，将金属打造成钉子、刀、斧头、钥匙、罐子和锅。刀匠制刀要花费一周或更久的时间来锻造刀刃，扭弯铁棍，进行焊接和锤炼。

其他金属工匠和珠宝匠专门加工金银等贵重材料。他们心灵手巧，将美丽的玻璃珠和琥珀珠做成戒指、项链和手镯。

不论材料是动物犄角、海象牙、鲸牙、鹿角还是皂石，雕工都可施展技艺。雕刻过的木材可用来装饰房屋、家具、船只、马车和日后的教堂。最受维京人欢迎的图案当属交织的节或环、鸟与鱼，以及兽和龙。这些设计也影响了包括盎格鲁－撒克逊人和爱尔兰人在内的其他族群。

3秒钟总结

维京时期的工匠既能制造工具、武器和家居用品，又能创造出美丽的雕刻作品和精致的珠宝。

小知识

鲜艳的色彩

维京人从植物中提取出染料，为编织品与纺织品染上鲜艳的颜色：蓝色染料取自菘蓝的叶，棕色染料取自核桃的壳，红色染料取自茜草的根，黄色染料取自淡黄木犀草，深绿色染料取自石楠的茎。

维京人个个是能工巧匠，铁匠的技艺更是一流，能用金属打造各种实用物件

首先，铁匠将铁加热、锤平

风箱鼓风促进火焰燃烧，铁块变得更软

加热软化的铁块被锻造成型

锻造后的铁器在水桶中冷却

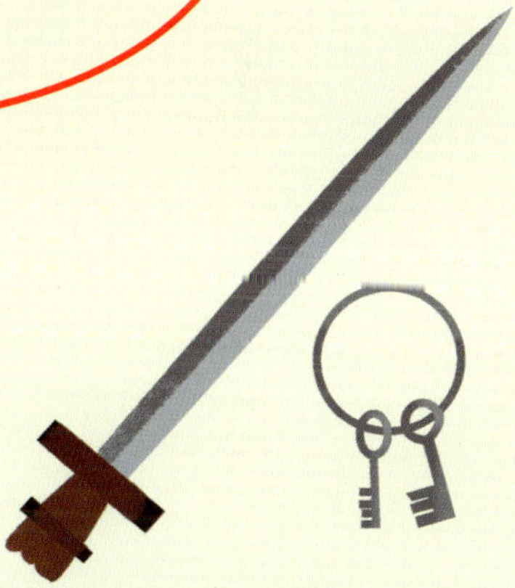

铁匠打造出刀剑、钉子和钥匙等生活必需品

这枚胸针由日德兰半岛的银匠打制而成

人们在挪威发现了这个木雕动物头像

这块上好的瑞典织锦由织布机制成

宗教与信仰

改信基督教前，维京人有着自己的神话，对世界起源和生与死的意义自有一套解释。他们相信米加德（人世）和阿斯加德（神域）的存在，认为这两个世界由闪闪发光的比弗罗斯特彩虹桥相连。在维京人的概念里，天地间共有九个世界，分别居住着人类、神灵、精灵、矮人、巨人和龙等各类生物。名为伊格德拉西尔的白蜡树树根连接起整个宇宙。9世纪，基督教传入维京大地，这些古老的神话和传说仍生生不息。

维京人的神灵

30秒大揭秘

北欧神话将神灵分为两族：阿萨神族象征力量与战争，瓦尼尔族则掌管智慧、自然、魔法和生育。两大神族相互为敌，最终合二为一。

奥丁为众神之首，是阿萨神族的一员；他只有一只眼睛，骑着八腿马斯莱普尼斯腾云驾雾。奥丁有两匹狼，一匹叫作基利，另一匹叫作弗里奇；两只名为福金和雾尼的渡鸦终日穿梭在世界各地，为他带来最新的消息。奥丁住在瓦尔哈拉殿堂里，在战争中身亡的勇士会被带到此处与众神进餐。

众神之中，知名度最高的当属红发的托尔，他掌管雷电，终日挥舞着威力无比的战锤。双胞胎弗雷和芙蕾雅掌管生育和爱情。巴德尔是夏日太阳之神，除槲寄生制成的箭外，世间万物都无法伤害他——后来，他双目失明的哥哥正是用这样一支箭要了他的命；这场谋杀的“背后黑手”就是恶作剧之神洛基。

3秒钟总结

维京人的神灵有伟大的奥丁、雷神托尔和爱神芙蕾雅。

3分钟任务

了解星期的命名

在英语和其他一些语言中，一周中有几天是以古代的维京和日耳曼神命名的。试试看能不能做对下面的连线题：

盎格鲁－撒克逊神	北欧神	星期几
Tiw	Tyr	?
Woden	Odin	?
Thunre	Thor	?
Frige	Frigg	?

（注：周一到周日的英文分别是Monday，Tuesday，Wednesday，Thursday，Friday，Saturday，Sunday；答案在78页）

维京时期的部分神灵如下
奥丁的神矛冈格尼尔可谓百发百中
奥丁有两只渡鸦
他还有两匹名叫基利和弗里奇的狼
奥丁是众神之首
他的坐骑是一匹八腿马，名为斯莱普尼斯
托尔是雷神
洛基是恶作剧之神
托尔的雷神之锤由矮人铸成
芙蕾雅有两只猫，平日为她拉车
弗雷和芙蕾雅是掌管生育和爱情的神
弗雷有一头野猪，名叫希尔蒂斯维尼

维京人的习俗和节日

30秒大揭秘

维京人对灵魂和神灵的信仰根植于日常生活中。女神弗丽嘉掌管着婚礼和姻缘，因此，维京人选择在“弗丽嘉日”，也就是周五举办婚礼。那时，人们认为一个人的命运在出生时就被诺伦三女神定好了。

有时，维京人会向神灵献上祭品——祭品可能是动物，甚至可能是人。某些宗教仪式在露天环境下举行，比如在具有特殊意义的树或石头旁，或是在某栋木屋中。

维京人以献祭、设宴、饮酒和篝火等节日形式来庆祝季节交替。后来，基督教的仪式取代了许多古老的异教习俗，引导人们改信基督教：冬季中期的尤尔节为圣诞节所取代，维京人却将取橡木引新年之火的传统延续了下来。如今，人们仍会在圣诞节期间用植物装饰房间，就像许久之前的维京人那样。

据说维京人也庆祝五月节（May Day）和仲夏日（Midsummer Day）。在瑞典，人们延续了五月节燃篝火和唱歌的习俗，欢迎温暖和光芒回归大地。

3秒钟总结

维京人以献祭、设宴和燃起篝火的方式庆祝季节更替，其中一些传统沿袭至今。

3分钟任务

自制幸运符

你需要：自干黏土、银色颜料、画刷和线。

维京人相信佩戴幸运符会带来好运，比如雷神之锤或芙蕾雅女神的形象。不妨用黏土制作属于自己的雷神之锤或芙蕾雅女神像。在塑像上留出一个孔，穿上线，就能佩戴到脖子上啦。风干后，记得将塑像表面涂成银色。

一年四季，维京人庆贺各种各样的节日，向精灵和众神表示敬意

冬天，维京人用常青植物装点房子

仲夏，维京人点燃篝火，载歌载舞庆祝

秋天，维京人向神灵献上动物祭品

维京人的葬礼

30秒大揭秘

对维京人来说，死亡绝非遥不可及——疾病、战争与分娩夺走了许多年轻人的生命。那时，年逾五十已算得上高寿。

在不同的地域和时期，葬礼的形式大有不同：一些人选择火葬，绝大多数则是土葬，将遗体葬在简易的坟墓中或土丘下。

维京人常将死者生前的财富一并下葬，如此，死者便可在来世衣食无忧：铁匠的墓中有他工坊的所有锤子与钳子，有权有势者则与最趁手的武器和华服、首饰一同入土，也有人要求奴隶与牲畜（比如马和狗）陪葬。

有时，国王与王后会葬在精雕细琢的马车或精美的维京长船中。这种做法究竟是通往来世的手段还是世俗财富与权势的象征，世人无从得知。

3秒钟总结

维京人以火葬或土葬入殓，他们生前钟爱之物要一并陪葬。

小知识

奥赛贝丽号

100多年前，考古学家在挪威挖出一艘船。自843年起，这艘船便“长眠”于一座土丘之下。船身为橡木结构，雕刻有花纹。船内安葬着两位妇人，其中一位身着华丽长裙，以亚麻布料掩面。船内亦随葬有精雕细刻的雪橇、马车、床柱、纺织品与织锦。

维京人多与生前的财物合葬在简易的墓穴或土丘之下

在某些地区，人们会在墓穴旁用石头摆出船的形状

后来，坟丘被看作灵异之地，人们害怕在此撞见死者的魂魄

富有的维京人会有丰厚的陪葬，以使来世衣食无忧

基督教的传入

30秒大揭秘

到维京时期，多数西欧人已成为基督教教徒，笃信耶稣基督的教义，而维京人仍然坚持自己独有的信仰。这种宗教上的差异有时会引起贸易争端，激发战争。

很快，殖民海外的多数维京人开始改信基督教：一些人认为基督教的神能带来繁荣与财富，一些人则是因战败被迫皈依。8—9世纪，基督教传教士来到斯堪的纳维亚地区，为当地的维京人带来新的信仰，建起教堂。

在很长的一段时间内，基督教与异教在维京大地上得以并存。当不幸发生时，一些改信基督教的维京人仍会向托尔祈祷。统治丹麦耶灵的哈拉尔蓝牙王也在960年成为一名基督教教徒。后世人能在画作中观赏到他接受洗礼的一幕：哈拉尔蓝牙王在一桶水前被施行洗礼，主持仪式的是一位名为珀波的教士。11世纪，基督教传遍了维京大地，不过，仍有人拒绝这一宗教，继续向远古之神进献祭品。

3秒钟总结

在约3个世纪内，基督教取代了维京人的传统异教信仰。

小知识

当今世界的异教信仰

冰岛的维京殖民者相信乡野由栖息在岩石和田野中、名为兰德瓦提尔的精灵守护。人们说兰德瓦提尔痛恨暴力，因此，接近冰岛的长船首领必须摘下船上的龙首，以免激怒它们。如今，这种信仰仍然存在，冰岛人也将某些特定区域划为“保护区”，禁止在其上建筑或务农。冰岛的硬币背面和盾形纹章上就印着四个兰德瓦提尔“保护灵”的形象。

传教士将基督教传遍了维京大地，不过，部分维京人仍然保持着固有的异教信仰

828年，基督教传教士安斯加尔游历至瑞典的比尔卡

960年，丹麦的哈拉尔蓝牙王成为基督徒

995年，奥拉夫·特拉哥瓦森国王筑起了挪威的第一座教堂，并强迫自己的子民改信基督教

1000年，冰岛的法律宣讲官判定基督教应被接受（为此，这位宣讲官在斗篷下思考了整整一天），但人们仍有权坚持异教信仰

1015年，在国王奥拉夫二世的统治下，基督教传遍了挪威大陆

如今，多数瑞典人都为基督徒，最后一任笃信异教的国王死于1087年。1100年，异教习俗在瑞典遭禁

探索更广阔的天地

维京人是伟大的旅行家与殖民者，他们从丰富的游历中获得大量铸币、珠宝、金、银和其他珍宝，一直留存至今。这些珍宝中，少部分是通过合法贸易获得的，更多的则是劫掠而来的。1834年，挪威奥恩的沼泽地中出土了一处维京时期的宝藏，其中的奇珍异宝分别来自法国、俄国、英国、拜占庭帝国和阿拉伯帝国。1999年，人们又在瑞典的斯皮林霍尔德发现了14 295枚维京时期的铸币，多来自穆斯林领地。

维京人的西欧劫掠活动

30秒大揭秘

为进行贸易、殖民或作战，维京人走遍了大半个西欧。他们的龙船所向披靡，北海、爱尔兰海和英吉利海峡地区少有河流、岛屿和海岸免受其害。维京人最大的殖民地位于英格兰中北部，也就是所谓的“丹麦法区”。包括伦敦在内的盎格鲁－撒克逊南部城市也遭到维京人入侵。1016年后，在克努特一世的统治下，英格兰一度沦为丹麦帝国的一部分。1066年，挪威国王哈拉尔三世试图入侵英格兰，但以失败告终。

历史上，德国、法国、荷兰和比利时所在的地区也曾为维京人所扰：845年，维京人首次包围了巴黎，885—886年又故技重施；911年，无望的法兰克众国王将诺曼底割让给维京首领罗洛；布列塔尼[①]也饱受维京人入侵。沿风暴不断的大西洋，维京人一路航行至温暖的蓝色地中海，向着塞维利亚和其他西班牙穆斯林城市发起进攻。9世纪60年代，维京人的一支舰队占领了西西里岛。

3秒钟总结

维京人大肆侵袭不列颠、爱尔兰的大片区域，进攻西欧大陆和岛屿。

小知识

维京人的西欧劫掠之旅

8世纪80—90年代：入侵法国和英格兰。9世纪30年代：进攻荷兰，向英国伦敦发起首轮侵袭。9世纪40年代：向苏格兰、爱尔兰的都柏林殖民地发起劫掠活动；入侵葡萄牙与西班牙；骚扰穆斯林城市塞维利亚；对汉堡和巴黎的大型劫掠亦在此时期发生。9世纪60年代：入侵意大利；将英格兰大部分地区占领为殖民地。885—886年：进攻法国北部，巴黎沦陷。1013年：斯温入侵英格兰。

---

① 布列塔尼：位于法国西北部的半岛。——译者注

维京人的劫掠和殖民活动在西北欧达到顶峰，不过，他们的舰队也在大西洋和地中海沿岸出没

维京人的北大西洋劫掠活动

30秒大揭秘

800年前后，维京人向西航行至苏格兰以北的法罗群岛，并在当地定居下来，以捕鱼、牧羊为生。874年，北欧航海者进一步航行至冰岛；此前，冰岛仅居住着少数爱尔兰僧侣。航海者们在最肥沃的土壤上建造起农场，在海中捕鱼，用冰岛语讲述了一个又一个故事。

冈比约恩·厄夫森是一名维京航海者，一场风暴中，他的船被吹离航线；机缘巧合下，他成为第一个发现格陵兰岛的维京人。格陵兰岛面积很大，地处北极圈内，是北美大陆的一部分；982年，红发埃里克在这片陆地上定居，成为首位“岛民”。为吸引更多人前来，他将此地命名为“格陵兰”，意为“绿地”，然而，这里实际上是一片荒凉冰冷的大地，零散地居住着一些因纽特人。依靠种地与猎海豹，人们在此地艰难度日。

1003年前后，埃里克的儿子“好运莱夫”向北美大陆发起征程，航行至今日的拉布拉多和纽芬兰，他分别称之为“马克兰”和“文兰”。此后，维京人在这片土地上开展易货贸易，有时也与当地的北美部落交战。在纽芬兰北部的兰塞奥兹草原，人们发现了维京建筑与工艺品遗迹。

3秒钟总结

维京人向西航行至法罗群岛、冰岛、格陵兰岛、拉布拉多和纽芬兰。

小知识

北欧最北端的劫掠、入侵时间线

800年：维京人将法罗群岛变为殖民地。
874年：维京人探索至冰岛，将其变为殖民地。
982年：红发埃里克将格陵兰岛的布拉塔里德变为殖民地。
986年：航海者比雅尼·何尔约夫森发现了北美大陆的海岸。11世纪：“好运莱夫”探索至拉布拉多地区。

维京探险家将冰岛和法罗群岛占为殖民地，距今1 000多年前，他们踏上了北美大陆

北美的纽芬兰、格陵兰岛及冰岛

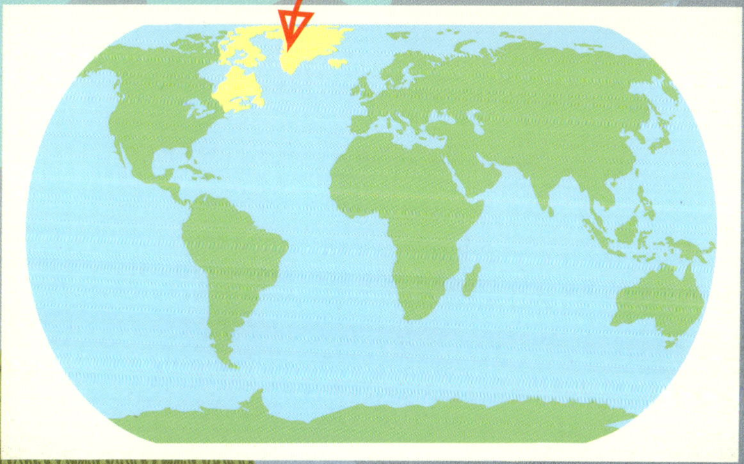

法罗群岛和冰岛成为维京人在斯堪的纳维亚的长期殖民地，不过，到1408年，其中一部分（包括格陵兰岛）被弃置

北美大陆之上，维京人与当地原住民部落交战，也与对方进行易货贸易

维京人的东欧版图

30秒大揭秘

瑞典的维京人穿越波罗的海，向芬兰海岸发起劫掠。他们深入俄国的拉多加湖和诺夫哥罗德进行皮毛、琥珀、蜂蜡、蜂蜜和奴隶交易，又驶过欧洲中东部的壮阔河流，直至黑海。希腊人和斯拉夫人将这些维京人称作瓦兰吉人。

一些历史学家认为，瓦兰吉人即罗斯人；俄罗斯正是由罗斯人得名。据称，罗斯人的传奇首领留里克在862年创立了王朝。这一说法并未得到所有历史学家的认可，不过可以肯定的是，瓦兰吉人和斯拉夫人都对东欧历史的发展起到了推动作用。

瓦兰吉人航行至里海，又经陆路到达巴格达，自此开启了向东的贸易线路，远可达中国。他们与阿拉伯人进行贸易，换取纺织品与银。

10世纪，一部分维京人成为雇佣兵，投入保卫拜占庭帝国的运动之中——他们被称作“瓦兰吉卫士”，发展为一股精英力量，参与了若干场著名战役与探险活动。他们以君士坦丁堡（亦称拜占庭，今称伊斯坦布尔）为据点，并将其称作“米克拉戈德”，意即“宏大的城市”。

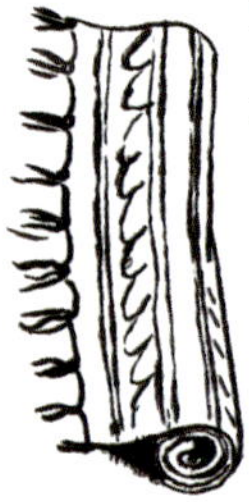

3秒钟总结

维京人航行至东欧，在中东市场上进行贸易活动，也为拜占庭皇帝作战。

小知识

以东欧为目标的劫掠和入侵

9世纪：瑞典小镇比尔卡是通往东欧和亚洲的贸易线路的起点。

859年：瑞典的维京人（或称“瓦兰吉人”）将俄国的诺夫哥罗德作为主要贸易中心。

862年：留里克创立了王朝，统治着名为“基辅罗斯”的大型国家。

911年：瓦兰吉人成为拜占庭帝国的雇佣兵。

瑞典的维京人向东行进至芬兰和俄国，再向南至亚洲

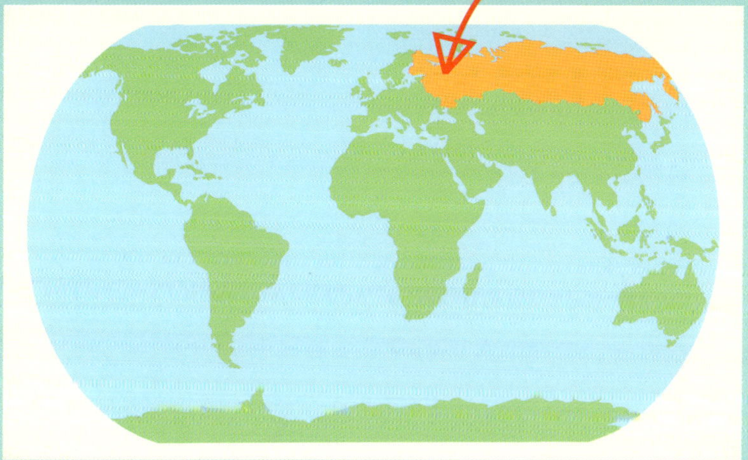

维京人交易的货物包含

他们沿河而下直至阿拉伯，与当地人进行贸易活动

一部分维京人自愿成为雇佣兵

维京时代的终结

30秒大揭秘

11世纪，欧洲局势多有变动。国王大权在握，将规模较小的王国和疆土紧紧控制于股掌之间。维京人开始改信基督教。丹麦人、挪威人和瑞典人仍在欧洲历史中扮演着重要的角色，不过，维京人的海外殖民地多为新的王国所吞并，如英格兰、法国和苏格兰。

不过，法国的诺曼人身上尚有几分旧日的维京风骨。他们扬帆起航，意图征服西西里和意大利南部；1066年，他们穿越英吉利海峡，向英格兰发起进攻。

诺曼人筑起宏大的城堡。这时，一群新的勇士出现了：他们名为“骑士”，身披重甲，驰骋马背；他们取代了手持盾牌的亲卫队，承担起保卫城堡的重任。

维京人为后世留下了丰富的遗产，包括语言、艺术与设计风格、传奇故事、造船术、探险经验、集会与议会制度。1 000年后的今天，他们的战争、历险与生活方式仍令世人好奇不已。

3秒钟总结

随着信奉基督教的大国在欧洲崛起，维京时代走向终结。诺曼人发明了新的作战方式。

3分钟任务

为自己取一个维京名字

今时今日，维京人使用过的一些名字仍得以沿用：他们有一套独特的命名体系，将孩子命名为“某某（父亲名）之子/女”。比如：

埃里克（=伟大的）·索瓦尔松（=索瓦尔之子）

红头发/西吉德（=伟大的胜利）·托斯塔多迪尔（=托斯蒂的女儿）·骄傲

维京人也乐于给人取有趣甚至淘气的昵称。不妨给自己也起个类似的名字吧，比如詹姆斯·“书呆”汤姆之子，莉莉·“蓝头发”史蒂夫之女。

维京人的生活方式仍影响着当代生活

今时今日，传统的维京造船法仍被用于制造名为“斯基夫”的小型船

圣火节是设得兰群岛的一种节日，始于19世纪，用以纪念维京传统。庆祝方式为燃烧维京风格的船只和手持火炬列队行进

一周中的多数日子是以维京和盎格鲁-撒克逊名字命名的

当代的某些议会传统可追溯至维京时期的集会制度

冰岛的集会建筑，名为“国会议事堂”

☆ 小问题答案 ☆

第10页：破译密码！
这是一条鲨鱼（This fish is a shark）
那是它的鱼鳍（That is its fin）

第44页：这些是做什么用的？
1. 镰刀，用来收割玉米
2. 大剪刀，用来剪羊毛
3. 手推磨，用来磨谷物

第60页：了解星期的命名

Tiw	Tyr	星期二
Woden	Odin	星期三
Thunre	Thor	星期四
Frige	Frigg	星期五